AF209627

© 2022 Sami Laine

Kustantaja: BoD – Books on Demand, Helsinki, Suomi

Valmistaja: BoD – Books on Demand, Norderstedt, Saksa

ISBN: 978-952-80-6925-6

Sanoja voi käyttää oikein tai väärin.
Lauseilla voi rakastaa tai tuhota.
On helppoa uskotella parempaa ja antaa muuta.
On helppoa kirjoittaa. Sanoja sanojen perään.
Jos vastuu on kirjoittajan.
Mitä jää lukijalle.
Kirjoitin monta sanaa.
Monta oikeaa.
Varmuudella viisikymmentä väärää.

1. Viiskikymmentä

Taituruutta vai tahdittomuutta.
Taiteilijan tuskaa kaunista.
Kirjoituksia virheineen.
Pilkkujen ja pisteiden puutteineen.
Lukijoiden ymmärtämättömyyttä
vai syvää ymmärrystä .
Sanoilla leikittelyä.
Ehkä parrasvaloissa keikistelyä.
Huutaa hulluuttaan.
Sanoilla äänettömästi ivaa.
Esittelee tekstejä aarteinaan.
Pokkana lukijoille kirjaimia
maalaa.
Niin paljon sanottavaa.
Silti kaiken väärin kirjoittaa.
Kirjansakin oudosti aloittaa.
Heti alkuun laittaa.
Viisikymmentä väärää sanaa.

Joukosta tyhjien sanojen.
Etsin pimeydessä
hapuillen.
Lauseita rikkinäisiä
tavailen.
Löysin vihdoin
yhden.
Lisää sivuja
lukien.
Läpi runojen
kahlaten.
Riveiltä loputkin
löytäen.
Jotain kuitenkin
kaivaten.
Kirjoitin ylös
kaiken.
Viisikymmentä väärää
sanaa oikein.

2. Huomenna

Jos huomenna
aurinko ei paista.
Miten kaiken
uuden näen.
Jos valo viimeinen
lipuu läpi sormien.
Miten huomiseen
löydän.
Jos ilta on
viimeinen.
Mihin kadotin
kaiken.
Jos pimeys voittaa
sittenkin.
Mihin tämän
hetken laittaisin.
Jos huomenna
aurinko ei paista.
Miten sinut
enää löytäisin.

Miksi tuska ei poistu.
Muistikuvat eivät katoa.
Miten kaiken kestän.
Kuinka huomiseen kykenen.
Milloin edes osa unohtuu.
Kuvasi haalistuu.
Sydän rauhan saa.
Mieli lepoon rauhoittuu.
Rakkaus muistoksi muuttuu.
Lopuksi ilmaan haihtuu.

3. Kirjaimia

Väsyneen ihmisen sanat.
Kauas eivät kanna.
Painavia silti ovat.
Pelkäämisen kaikuja.
Kuiskauksia tyhjyyteen.
Hänelle huutoja.
Kosketuksia pimeyteen.
Lauseita heikkoja.
Hiljaisia kirjaimia.
Tyhjiä kirjankansia.
Mitättömyydessään vahvoja.
Niillä hengittää.
Kulkija itsensä näköinen.
Apua pyytää.

Kyynelillä kuorrutin poskiani.
Sormesi tuntea halusin.
Hellästi pois kuivaisit.
Suudelmilla viimeistelisit.
Hymyllä peitin kaiken.
Kyyneleet ensimmäiset.
Surun nimikirjaimet.
Toivoin yhtä vain.
Sinä kirjaimia lukisit.
Kaiken ymmärtäisit.
Poskiani koskisit.
Älä itke kuiskaisit.

4. Ehkä

Matkojen taa.
Ihmismielen syvyyksiin.
Luo itsensä.
Muut unohtaen.
Vielä kyyneleitä tiristäen.
Itselleen nauraen.
Ei ilosta.
Sellainen eilinen.
Vai huominen.
Miten kuivata sateet.
Poskilla olevat kuohut.
Matkustaa uudestaan.
Pinnan löytää.
Uudestaan, ainakin
kerran, hengittää.
Ehkä elossa olla.

Ehkä aamu hieno on.
Ehkä yö levon toi.
Ehkä huomen hymyilee.
Ehkä päivä leikkiin kutsuu.
Ehkä on epävarmuutta.
Ehkä mikään toteudu ei.
Ehkä, kunnes silmät avaan.
Sinä täydellisenä siinä.
Huomenta sanon.
Sanan ehkä unohdan.

5. Turhaa

Myrskyihin kadonnutta.
Turhaa on etsiä.
Voimia käyttää.
Henkiin herättää.
Myrskyihin kadonnutta.
Vaikea on vangita.
Ei kiinni enää saa.
Elämään uudestaan.
Se hiljaa hiipuu.
Haaveiksi unohtuu.
Kunnes heräät.
Etkä muista enää.

Kerrot miksi en
sinua katsoisi.
Etsit syitä kauneutesi
kieltämiseksi.
Vähättelit jokaista
kohtaasi.
Poskia, hiuksia, huulia,
kauniita kasvojasi.
Yrität selittää
kauneuden rumaksi.
Kunhan en
sinua tuijottaisi.
Minua et koskaan
hämäisi.
Puheet
eivät auttaisi.
Olen jäänyt
kauneutesi
vangiksi.

6. Puolimatka

Seikkailija elämänsä.
Jotain upeaa etsimässä.
Polkuja harhailee.
Puolimatkassa rakkauteen.
Katsoo toisaalle.
Sitten sivuille.
Ajatukset harhailee.
Puolimatkassa rakkauteen.
Löytöretkellä elämään.
Etsii toista retkeilijää.
Joka harhailee.
Puolimatkassa rakkauteen.

Saanko ehjä
olla kanssasi.
Vahvempi ihminen
sylissäsi.
Kosketuksesta voimaa
ammentaa.
Sylissäsi elää
hetken unelmaa.
Voinko näin
pientä pyytää.
Rakkauden mielessäni
sytyttää.
Kiinni sinussa
syntyä uudelleen.
Olla puolimatkassa
onneen.
Vierelläsi herätä
huomiseen.

7. Sinä

Tuijotuksia toisten.
Sivusta seuraten.
Kateellisuutta muiden.
Nautin hymyillen.
Henkeä haukkoen.
Katsovat sinuun
hukkuen.
Sinun nimeäsi huutaen.
Minä ääneti ja vain
sinua hengittäen.
Halut toisten.
Vain toiveita
epätoivoisten.
Katson sinuun tietäen.
Kuningatar olet
minun haaveiden.

Lukisitko huomenen
huuliltani. Pehmeästi.
Vaativasti.
Lukisitko pitkään.
Päivään.
Iltaan.
Huomiseen asti.

8. Laastari

Puhalla haavaani.
Tiedät paikan.
Tikarilla pistit
sydämeeni.
Lainaatko laastaria.
Sinulle sen viimeksi
ojensin.
Jälkeen minun
pistojen.
Etsitäänkö syyllistä.
Yhdessä peilistä.
Haavat syviä.
Mestareiden tekemiä.
Vielä kerran parsitaan.
Rippeet rakkaudesta.
Laastarilla kasataan.

Ehkä se oikeaa
ei ollutkaan.
Silmänlumetta
joka katoaa.
Sanoja ja tekoja
lumoavia.
Hetkessä ilmaan
haihtuvia.
Uskottelua vahvaa
toisilleen.
Vahvempaa valhetta
itselleen.
Tunteita sormia
polttavia.
Lopulta vain
sydämen tuhoavia.
Jotain mitä laastarilla
ei paikata.

9. Suudelma

Kirjoitin kirjeen.
Ihosi pintaan
tietenkin.
Sanoja kauneimpia.
Seuraten vartalosi
kaaria.
Viimeistelin pisteillä.
Suudelmilla pehmeillä.
Lähettäjänkin merkitsin.
Rakkaudella sinun
tietenkin.

Herätys.
Kuiskaan huulillesi.
Kärjellä kielen
piirrän sydämen.
Herätys.
Maalaan ihollesi.
Suudelmin hellästi
viimeistelen.
Herätys.
Unet muutan todeksi.
Tiedät jo
miten teen sen.

10. Kyyneleitä

Helvettiin ja takaisin.
Omiin sisäisiin
riitoihin.
Itkuja ja huutoja.
Raivokohtauksia turhia.
Vastustaja ylivoimainen.
Itseeni luottaen.
Jälkeen lyöntien.
Käännän poskeni ja
lyön uudelleen.
Helvettiin ja takaisin.
Matka itseeni.
Naurua heikkoudelle.
Kyyneleitä kurjuudelle.
Tuijottaen itseään.
Säälimätöntä ystävää.
Vihollinen parhain.
Itseäni vastaan.
Voittajana ani harvoin.

Voisinko kyyneleillä
kirjoittaa runoja.
Osaisitko niitä
silloin lukea.
Jos sivut
toisiinsa liimautuu.
Rivit kyyneleistä
tahriintuu.
Lukisitko sanan jokaisen.
Sujuvasti
välistä rivien.
Tarinaa kahden
toisilleen kuuluneen.
Paperille sydänkyyneleillä
piirtyneen.

11. Pieni

Pienet sanat
kynästä karkailee.
Kiihko kirjoituksissa
kasvaa.
Samalla kun
sanat hiipuu.
Sivut suudelmilla
täyttyy.
Kuvitteellisia tietenkin.
Halut kasvaa.
Vaikka sanat
kauemmas katoaa.
Lukijalla valtaa.
Kirjoittajalla enemmän.
Kaikki lopulta pois
leijailee.
Kannet sulkeutuu.
Kiihko katoaa.
Kuvitelmat todellisuuteen
törmää.

Jos haaveeni
on pieni.
Pieni kosketus
iholla.
Jos toiveeni
on pieni.
Pieni suudelma
huulilla.
Jos haluni on
pieni.
Pieni huokaisu sinulta.
Jos haaveeni
on pieni.
Pieni suurten
rinnalla.
Saanko edes
haaveilla.

12. Kiihko

Sormillani kirjoitan.
Runoja kiihkon
valtaamia.
Taiteilen kirjaimien
kaaria.
Välillä hieman
vain hipaisten.
Sitten rajummin
kirjaimia kirjoittaen.
Täytän pintaa tyhjää,
mutta niin pehmeää.
Lauseilla kiihkoa
täynnä.
Lopuksi kuiskaan
korvaan.
Mihin pisteen haluat.

Ole paikoillasi.
Odota kosketusta.
Et saa puhua.
Määrään sinua.
Joudut malttamaan.
Nautintosi kyllä saat.
Hellästi aloitan.
Vaativasti jatkan.
Nyt voit
kiihkosta huokaista. I
han hiljaa.
Sillä pian.
Saat nautinnosta
huutaa.

13. Ottaisitko

Moottoritiellä elämä
ohittaa.
Mennessään sarkastisesti
vilkuttaa.
Feräpeiliin kurkistaa.
Hymyilee ja unohtaa.
Katsot ja kaipaat.
Voisimmeko matkata
uudestaan.
Yhdessä ajaa.
Ottaisitko minut
mukaan.
Oi elämä älä
pakoon kaahaa.

Voinko olla hyvän
yön toivotus.
Ottaisitko minut
syliin.
Jos olisin huomen.
Ensimmäinen.
Hymyilisitkö minulle
kauniisti.
Jos olisin lauseena
mielessäsi.
Sanoisitko nimeäni
ääneen.
Jos olisin vain minä.
Ottaisitko vaatimatta
mitään.

14. Peilikuva

Peilikuvana itsestään.
Vääristynyt ja ruma.
Hiljaista hyväksyntää.
Itseltään turha toivoa.
Ääriviivoja ihmisen.
Tuijotusta tyhjyyteen.
Väliin viivojen.
Omaan itseen.
Katselijana onneton.
Katsottavana vähemmän.
Itselleen tahditon.
Kääntäen pään.
Paremmin hengittää.

Voisin minä vihata.
Tai rakastaa.
Itsekään tietämättä.
Itseäni vai muita.
Voisin minä ihailla.
Tai pilkata.
Itsekään ymmärtämättä.
Itseäni vai muita.
Voisin minä ymmärtää.
Tai en.
Itseäni vai muita.
Voisin minä.
Peilikuvaanikin vihata.

15. Elämä

Panttilainaamon nurkassa.
Pölyn peitossa.
Sinne unohdettu.
Halvalla pantattu.
Kenenkään kaipaama.
Välissä rumpujen ja
kitaran.
Soinniton joukossa
toisten.
Siksi niin arvoton.
Hintalappu haalistunut.
Nimi vielä heikompana.
Enää vain kirjaimia.
Lupaus paremmasta.
Silti vain sana.
Vai enemmän ehkä.
Elämä.

Vaikka vielä kerran
lupa suudelmaan
annettaisiin.
Se kaipuuta
ei koskaan
poistaisi.
Vaikka vielä kerran
koskettaa saisin.
Se ikävää
ei koskaan
poistaisi.
Vaikka vielä kerran
rakastan sanoisin.
Se sinua
ei koskaan
takaisin toisi.
Elämää paremmaksi
muuttaisi.

16. Taistelukenttä

Pyramideja messiaille.
Toisten elämien tietäjille.
Hallelujaa huutaville.
Kateellisena katsoville.
Etsivät heikkoja.
Uhrilampaita omiin
tavoitteisiinsa.
Jumalina maailman.
Vääristyneissä kuvissaan.
Sinua pilkkaavat.
Taistelukentällä huutavat.
Pimeydessä haparoivat.
Vailla totuutta.

Taistelukentällä tomu
laskeutuu.
Kaksi uupunutta
toisiinsa kietoutuu.
Turvaa toisistaan
etsien.
Uutta taistelua
odottaen.
Taistelukentällä
kaksi haavoittuu.
Toistensa teot
verisiltä tuntuu.
Lailla kranaattien
sanoja viskoo.
Taistelujen tauottua
suojaan toinen
toistaan kiskoo.
Taistelukentällä
kaikki ohi on.
Ihmiset hengissä,
vaan rakkaus
kuollut on.
Vain haavat
muistoksi jää.
Järkeä uskoivat,
siksi sydämet
kentällä lepää.

17. Lääkäri

Kaikki totuus löytyy
sydämestä.
Lääkärikin kertoi sen.
Ei pinnalta,
vaan ytimestä.
Alta kuoren kovettuneen.
Kaiken jo nähneen.
Yksinkertaisesti pystyy
kertomaan.
Ketä kuuluu rakastaa.
Ei kommentoi turhaan.
Valituksia ota vastaan.
Pitäytyy vain oikeassa.
Tunteessa ja rakkaudessa.
Lopulta sinut pelastaa.
Oikealle tilaa antaa.
Kuljettaa satamaan turvalliseen.
Ankkuroi itsensä toiseen.
Sinuun.
Siis samanlaiseen.

Lääkärin määräyksestä.
Aloitan viikon hymyllä.
En yhdellä.
Nautin sen kera
suudelmien.
Pehmeiden huulien.
Vältän sivuoireita.
Nautin monta.
Lääkärin määräyksestä.
Kuuri loppuun asti.
Vaikka ikuisesti.

18. Huulet

Hymyä jälkeen unien täydellisten.
Heräät niin kuvitellen.
Täydellinen vasta heräilee.
Katsoo sinuun ja hymyilee.
Kurkistuksia peiton alle.
Helliä suudelmia iholle.
Toivotuksia hyvän huomenen.
Sanattomasti huulilla tavaten.
Kosketuksia vartalosi kaarille.
Paremman päivän aarrekartalle.

Kuiskaan ihollesi.
Pääsenkö uniisi.
Hiljaa olisin.
Hieman koskettaisin.
Kiinni tulisin.
Kuumuuden tuntisin.
Kiihkeyttäsi hengittäisin.
Suutelisin huuliasi.
Kunnes huomaisit.
Hereillä oletkin.
Kaikki oikeasti
tapahtuukin.

19. Lukija

Voisitko lukea minua.
Hivellä mieltäni.
Koskettaa ihoani.
Hellästi sivuja käännellä.
Sivellä sieluani.
Suudella huuliani.
Ottaa minut tällaisena.
Miehenä omanlaisena.
Nauttia loisteessa.
Jonka vain sinä
aikaan saat.

Hyvän yön toivotus.
Ihollesi suudelmilla
kirjoitan.
Kirjain kerrallaan.
Huuliltasi aloitan.
Lopetan mihin
haluat.
Luen sitten
uudestaan.

20. Yksinäisiä

Reppuselässä läpi kaiken.
Yksinäisten hetkien.
Surujen ja ilojen.
Sinut kantaa haluan.
Jaloistasi huolta kantaa.
Suojan ja turvan antaa.
Et kiviin astuisi.
Oksiin yksin kompastuisi.
Vielä väsyneenä.
Sinut kantaisin.
Reppuselässä läpi elämän.

Kirjoitin sanoja ja
ne unohdin.
Tarinoita, vaikka alussa
jo juonen kadotin.
Yksinäisiä lauseita
vailla ymmärrystä.
Muka kauniita
riimejä elämän
Kirjaimien sekamelskaa
ilman kirjaimia.
Ihan kuin rakkauden
tunnustuksia.
Tyhjälle paperille
niitä taiteilin.
Lopulta itseeni
uskon menetin.
Paperin roskaksi
hiljaa revin.
Kaiken sen mukana
roskiin heitin.

21. Tivoli

Viisi vetoa vitosella.
Pehmoleluja voittajalle.
Tinatuoppeja maalina.
Koita niihin osua.
Kuten elämä.
Se ei ole helppoa.
Ennustuksia halvalla.
Jokaiselle samanlaisia.
Onko vielä voimia.
Sitäkin voit kokeilla.
Kuten elämä.
Nekin joskus loppuvat.
Onnenpyörää saat pyörittää.
Voittoja joka kierroksella.
Maailmanpyörä odottaa.
Kierroksen haluatko pyörähtää.
Kuten elämä.
Kerta riittää.
Valot viimeinen sammuttaa.
Hehku iltaan katoaa.
Viimeisten joukossa pimeään.
Tivolin porteista.
Muka elämään.

Päivän lopuksi.
Juhlinnan tauottua.
Valojen sammuessa.
Tivolin sulkeutuessa.
Maskin pyyhin pois.
Muka hymyn ikuisen.
Takahuoneessa yksin.
Silmistä ihmisten.
Vihdoin hymyilen.
Ilman maskia.
Parhaiten.

22. Rakastaa

Haluaisin tässä vain olla.
Sängyllä vieressäsi makoilla.
Hengitystä rauhallista kuunnella.
Tuntea lämpösi vartalolla.
Nauttia siitä tunteesta.
Herätessäsi silmiesi loisteesta.
Silmiisi hiljaa hukkua.
Hymysi sydämessäni tuntea.
Aamun hapuilevista suudelmista.
Heräilevien hellistä kosketuksista.
Kuiskata aivan hiljaa.
Saanko tänäänkin sinua rakastaa.

Rakkauteen pettynyt
Vai rakkaus pettänyt.
Siinäpä kysymys.
Osannut ei rakastaa.
Vai rakkautta ottaa vastaan.
Siinäpä kysymys.
Antoi rakkautta liian vähän.
Vai liikaa kerrallaan.
Siinäpä kysymys.
Vastata ei osaa, ehkä ei
edes rakastaa.
Siinäpä vastaus.

23. Poskilla

Onko silmissäsi roskia.
Miksi kyyneleitä poskilla.
Ovatko surun sateita vai
puhdasta onnea.
Saanko pois pyyhkäistä.
Suudelmilla pehmeillä.
Onko unelmasi poissa.
Miksi syvästi huokailet.
Onko kaipuun ääniä vai
puhdasta kiihkoa.
Saanko uudelleen yrittää.
Suudelmilla pehmeillä.

Sovitaanko turvasana.
Ollaanko toistemme
täydentäjinä.
Huokaillaan samaan
tahtiin.
Kyyneleitä onnen.
Voidaan pyyhkiä.
Poskilta toistemme.
Jälkeen nautinnon.
Kahleiden irrotuksen.

24. Anarkisti

Portaiden valtias.
Askelmien kuningas.
Jumala oman elämän.
Teesejään huutelee.
Portaita astelee.
Suuntaa vielä etsien.
Ylhäällä yksin olla saa.
Alhaalla massaan tallotaan.
Aikomuksia odottaen.
Jää paikoilleen.
Itselleen huutaen.
Olen kuningas elämäni
portaiden.
Anarkisti huomisen.
Antakaa minun olla
suunnaton.
En silti ole onneton.

Rakkauden pikku anarkistit.
Punk versioita amorin suosikista.
Räävittömiä lauseita halusta.
Barrikadeilla hävyttömiä huutajia.
Rakastamisen ikuisia kapinallisia.
Hempeän lopun pilkkaajia.
Kuin toisilleen luotuja.
Rakkaustarinoiden anarkisteja.

25. Helppoa

Oman elämänsä legenda.
Parrasvaloissa omilla raunioilla.
Loppunäytöksen tähti.
Vailla jatko-osaa.
Helppoa on näytellä.
Vuorosanoja muistelee.
Arkustaan huutelee.
Pilkkaa pilkkaajiaan.
Kaikki päättyy aikanaan.
Vahvatkin väsyy.
Elävistäkin legendoja tulee.
Elämättä enää.

Tänään niin heikkona.
Heikompana kuin koskaan.
Nuolen satoja haavoja.
Haavoja riekaleisen sydämen.
Huomista jo peläten.
Peläten tulevaa tyhjyyttä.
Itseään säälien.
Säälien omaa heikkouttaan.
Tänään niin helppoa.
Helppoa vihata itseään.

26. Huominen

Soitin eiliseen.
Kuulumisia kysellen.
Ei kerrottavaa ollut.
Linjat eivät muistoja
kullanneet.
Hopeareunuksin pilviä
kehystäneet.
Soitin uudelleen.
Halusin kiinni huomisen.
Ei paikalla ollut.
Kertomaan kuuluuko
parempaa tulevaisuuteen.
Vai jäämmekö ikuisiksi
vangeiksi eiliseen.

Unohduin kuin lehti syksyinen.
Alle lumen ja jään yksinäinen.
Ei säteesi enää ylettänyt.
Ymmärrän kera kyynelten.
Olen yksin nyt.
Unohduin lailla luetun lehden.
Alle huomisten uutisten.
Et lukea enää halunnut.
Ymmärrän kera kyynelten.
Olen juttu unohtunut.
Unohduin kuin eilinen.
Alle paremman huomisen.
Ei sydämesi enää rakastanut.
Ymmärrän kera kyynelten.

27. Kriitikko

Kun rakastaa niin paljon.
Niin, että vain vihaa.
Yläpuolella muiden.
Jumalasta seuraava.
Ylöspäin, jos
kysytään.
Kun uskoo niin paljon.
Niin, että vain tyrmää.
Hyvätkin aikeet
pilkkana näkee.
Elää oppeja
jalompia.
Kuulematta heikoimpia.
Parhaimmillaan kriitikkona.
Pilkkaa vailla
seuraamuksia.
Poskea pyytää
kääntämään.
Pääsee kovempaa
lyömään.
Suvaitsevaisuutta kauppaa.
Sitä tarvittaessa
pyhällä kirjalla
päähän hakkaa.

Lopputekstit elämän.
Kirjoitan tähän.
Kiitän siinä kaikkia.
Itseä en kuitenkaan.
Kultaisia kirjaimia.
Täydellisiä lauseita.
Kehun jokaista.
Itseni unohdan.
Kiitokset viimeiset.
Kynän voi unohtaa.
Katsojille kumartaa.
Esiripun sulkea.
Elämänsä kriitikoille
ojentaa.

28. Onni

Taistelutanner sydämien.
Kaksi elämässään eksynyttä.
Etsii kaikkea.
Kaikkea mitä vailla.
Hakevat itseään parempaa.
Toinen toistaan.
Toivovat vain vähän.
Jotain millä pärjää.
Edes huomiseen.
Kaksi niin eksynyttä.
Tietämättään.
Kuuluvat toisilleen.
Toivottavasti onni löytää
oikeaan osoitteeseen.

Onko onnellisuus ilmaista.
Vai ostettavissa.
Lähikaupan tarjouksesta.
Helposti kotiin kannettava.
Huomenna pois heitettävä.
Onko onnellisuus jokaiselle.
Vai onnekkaille.
Kultalusikkaa kantaville.
Helppoa elämää eläville.
Röyhkeästi itsekkäille.
Onko onnellisuus minulle.
Vai haaveilua.
Heikolta kiellettyä.
Turhaa kuvitelmaa.
Muiden omaisuutta.

29. Piirtäjä

Harsoisen elämänsä varjo.
Maailma läpi paistaa.
Kuun kelmeällä valolla.
Piirtää kuviaan.
Rumuudessaan kauniita.
Haavoineen hoippuva.
Potilas oman elämänsä.
Vakavasti sairaana.
Itseensä.
Varjojen saattelemana.
Astelee valoonsa.
Matkaa kuusi jalkaa.
Huutaa peräänsä.
Kepeitä multia.

Piirsin ääriviivoja peiliin.
Usvaiseen saunan jälkeen.
Yritin parempaa taiteilla.
Tulosta kuitenkaan saavuttamatta.
Käänsin katseeni pois.
Hiljaa tyhjyyteen kuiskasin.
Saisinko olla armollinen.
Itseeni joskus tyytyväinen.
Antaisin itselleni anteeksi.
Kaiken millä piiskasin.
Katsoin varoen uudelleen.
Poskella näin kyyneleen.

30. Ratsastaja

Muureja linnoituksen.
Ympärillä ihmisen.
Yksinäisen.
Taistelussa elämänsä
mittaisen.
Ritari yksinäinen.
Taistelija menetettyjen
mahdollisuuksien.
Ratsastaja yksinäisten
laaksojen.
Sydäntään suojellen.
Puhkoo muureja uskoen.
Voittaja vielä olen.
Katsoo ympärilleen.
Jää paikoilleen.
Muut voittakoon.
Minä olen.
Huokaisee lannistuen.

Voiko sanoa näkemiin.
Hyvästien sijaan.
Taskuun suudelman
jättää.
Pahan päivän varalle.
Voiko lähteä palatakseen.
Olla kaukana.
Mielessä silti Ikuisuuteen.
Voiko kaiken unohtaa.
Yhden silti muistaa.
Yksinäisyyteen ratsastaa.
Silti ikuisesti rakastaa.

31. Haaveilua

Teräslehtiä ruusun.
Kuihtuminen haaveilua.
Olisipa niin helppoa.
Sydämeni kanssa.
Teräviä piikkejä elämän.
Verettömyys haaveilua.
Olisipa niin helppoa.
Sieluni kanssa.
Pisaroita lehdillä.
Kuivuus.
Poskien haaveilua.
Olisipa niin helppoa.
Rakkauteni kanssa.

Pyytämättä paljoa.
Sain vähemmän.
Halusin kuulua.
Hiljaisuudeksi jäin.
Haaveilua mielessä.
Huusin nimeä.
Kuulematta ääntä.
Kuiskasin perään.
Kelpaanko enää.

32. Kirjaimia

Vääristyneitä kuvia.
Seinään tatuoituja.
Spraymaalilla maalattuja
hahmoja.
Lyhyitä sanoja.
Turhia kirjaimia.
Helposti unohdettavia.
Uudella maalilla
korvattavia.
Ihmisyyden malleja.
Peltiseinän kuninkaallisia.
Kiellettyä taidetta.
Huomenna korjattavissa.
Oman elämänsä
graffiteja.

Runojen keskellä
eksyneenä.
Sanat kadottanut
tai kadonneet.
Hapuilee kirjaimia
ja pisteitä.
Haroo ilmaa
tyhjien sivujen.
Ei sanattomien,
vaan sanomattomien.
Haalii kaiken
mitä saa.
Ylimääräisiä kirjaimia
ja lauseita.
Haluaa vielä
kaikille kertoa.
Se on silti vaikeaa.
Runot eivät
osaa kirjoittaa.
Kirjoittaja runoja
ei osaa.
Sivuilta kirjaimet
viimeiset putoaa.
Jäljelle ei jää
sanottavaa.

33. Hullujenhuone

Hulluja huoneessa.
Kuin kotonaan.
Hullujenhuoneessa.
Muka tietävinään.
Tietäjien eliitti.
Näin maailmaa
hoidetaan.
Hautaan saatetaan.
Reumalla haudan
hurrataan.
Peijaisissa naurettiin.
Yhdessä onnistuttiin.
Taakka poissa on.
Maailma rauhaton.
Se missä hullut
kuin kotonaan.
Hullujenhuoneessa
hurraa.

Olen väsynyt.
Elämään päässäni.
Jatkuvaa hälinää.
Päämäärätöntä menoa.
Tuttua minulle.
Toisille tuntematonta.
Juhlia hilpeitä.
Hullujenhuoneessa.
Ajatukset kieroutuneet.
Tai vain kadonneet.
Hulluja muille.
Aarteita itselle.
Huudan kovempaa.
Hulluuden päälle.
Yksin vastaan.
Hulluna omassa
huoneessa.
Hullujenhuoneella.

34. Hellä

Sulkakynällä paljaalle iholle.
Totuuksia peittelemättä.
Kaarien kauneutta.
Kirjaimet toiseksi jää.
Helliä piirtoja.
Kauniita lauseita.
Ikuisesti jatkuvat.
Pintaa pitkin liukuvat.
Loppuun kirjoitettu.
Pisteellä viimeistelty.
Ihailua sanojen.
Vartalon kaarien.
Malttamattomana aloittaa.
Kaiken uudestaan.

Saanko uniisi tulla.
Hellästi peitellä
suudelmilla.
Hiljaa sormilla
hivellä.
Ihollesi tarinoita
piirrellä.
Suudelmilla pisteet
laittaa.
Tarinan täydellisen
kirjoittaa.
Vielä herätessä
huokailet.
Nimeäni hapuilet.

35. Siivooja

Elämänsä ostoskeskuksessa.
Siivoojana iltavuorossa.
Vartija huutelee ovella.
Saanko jo sulkea.
Valot sammuttaa.
On niin hiljaista ja vaikeaa.
Toteaa.
On siis pakko lopettaa.
Ovet elämään kiinni laittaa.
Vain siivooja jää.
Elämänsä roskia
pois keräämään.
Viimein loisteputket
sammuvat.
Neonvalot loisteensa
kadottavat.
Enää harjaamisen äänet
kuuluvat.

Siivosin sydäntäni.
Poistin turhia nimiä.
Elämään jääneitä
taakkoja.
Siivosin menneisyyttä.
Poistin ikävät asiat.
Mieleen takertuneet
ihmiset.
Siivosin elämäni.
Poistin raskaat tarinat.
Aloitin omasta.

36. Heikkouteni

Kuinka heikkouteni kestäisin.
Itselleni itseni paremmaksi valehtelisin.
Miten omat virheeni kestäisin.
Hyväksi kaiken selittäisin.
Koska itseni kestäisin.
Jotenkin itseäni ymmärtäisin.
Milloin peiliin katsoisin.
Enkä katsetta pois kääntäisi.

Saatoin uskotella.
Heikkoudet voittaisin.
Voittajana hymyilisin.
Unohdin tärkeimmän.
Oman elämän.
Katsoi nauraen.
Voittajaksi pääse et.
Tiedäthän sinä.
Omat heikkoudet.

37. Voit

Voit itsellesi valehdella.
Tarincita upeita
hymyillen kertoa.
Parasta mitä
tarjoaa maailma.
Paras mahdollinen
lavasteiden rakentaja.
Ei pääosassa vaan
kuiskaaja.
Lavan ulkopuolella ja
yleisöltä piilossa.
Oman elämänsä roolissa.
Näyttelijä vastoin
tahtoansa.
Täydellinen siinä
roolissa.
Viallisen peilikuvan
omistaja.

Voit minut korvata.
Uusilla sanoilla lauseet
täyttää.
Parempaa maailmaa kaikille
näyttää.
Voit minut unohtaa.
Paremmilla ihmisillä korvata.
Heille elämää esitellä
upeampaa.
Voit minut.
Tai miksi edes sanoa.
Nollana helpompi on
olla.

38. Hautajaiset

Saisinko toiveen esittää.
Ei mitään ihmeellistä.
Pieni asia minulle.
Suurta kenties muille.
Kirjoitan vaikka itse.
Sanat kauniit taiteilen.
Kunhan laitatte postiin.
Voitte rauhassa muistella.
Jos toiveeni saa toteutua.
Haluan vain kutsua.
Itseni paikalle
omiin hautajaisiin.

Olin jo luovuttamassa.
Yleisölle kumartamassa.
Kera kyynelten.
Surullisesti hymyillen.
Päätin sittenkin taituroida.
Ehkä askeleen yhden
ainakin ottaa.
Tämänkin taistelun
voittaa.

39. Lumelääkettä

Takana tiskin hymyillään.
Tämäkö on reseptisi?
Sinulta kysytään.
Vastaat takaa kyynelten.
Miksi epäilet.
Se on vain itseäni varten.
Halvempaa tarjotaan.
Kysyt miksi.
Rahoja tuhlaat turhaan.
Muka tarpeeseen.
Hymyillen vastataan.
Aitoa on turhaa popsia.
Tämä sopii sinun sydämeen.
Se on lumelääkettä rakkauteen.

Osaatko maailmaa katsoa.
Totuutta erottaa massasta.
Ymmärrätkö elämän käänteitä.
Pieniä vivahteita katsomaan
pysähtyä.
Vai joudutko etsimään.
Apuja ymmärrykseen.
Pakoa todellisuudesta.
Lumelääkettä parantamaan
huomista.

40. Sinä

Jos kuutamo sanoja piirtäisi.
Meren kohina kirjaimiksi muuttuisi.
Jos auringolla nimi olisi.
Perhosen kauneus nimeä kantaisi.
Jos niityt kuiskaisi.
Kukilla kauneimmilla nimi olisi.
Jos hymyni puhuisi.
Sydämeni sanoa osaisi.
Sinä kaikkialla kaikuisi.

Jos auringosta en käy.
Saanko tähtenä sinulle loistaa.
Päivän anteja omina toistaa.
Jos kuutamoa en muistuta.
Saanko silti tuikkeena olla.
Pilkahduksina yöhösi tulla.
Jos päiväunista en käy.
Saanko yöllä uniisi tulla.
Unelmasi edes pimeydessä olla.

41. Risteys

Risteyksessä teiden.
Vihan ja rakkauden.
Käsi kädessä kulkien.
Vihaten ja silti luottaen.
Toisiaan katsoen.
Kyyneleitä pyyhkien.
Totuuden kohdaten.
Risteyksessä kahden.
Suuntiinsa jatkaen.
Taakseen katsoen.
Vihdoin hymyillen.

En onneen löytänyt.
Taisin väärään suuntaan
kääntyä.
Risteyksessä elämän.
Katsoin kyllä tarkkaan.
Opettelin jopa ulkoa
opasteet.
Tietämättä silti
minne tiet menee.
Katsoin oikeaan ja
väärään.
Risteyksessä vielä
käänsin pään.
Oikeaan suuntaan,
pääsin väärään
kääntymään.

42. Sellaista

Hyllyssä halpojen
tavaroiden.
Alennusmyynnin vakiovieras.
Kuviona tapetissa.
Myymättä jääneessä.
Näyteikkunan täytettä.
Sellaistakin elämä on.
Hiljaisuuden syleilyä.
Yksinäisiä kuiskauksia.
Kyyneleitä ilman
kuivaajaa.
Tyhjyys parhaana ystävänä.
Sellaistakin elämä on.
Itsensä pelkäämistä.
Vihaan hukkumista.
Kauneuden kieltämistä.
Ilojen karttamista.
Yksin tanssimista.
Sellaistakin elämä on.

Minut helppoa
on unohtaa.
Muistoina ei
kultaisina poistaa.
Tomun päälle
laskeutua antaa.
Nimen pois mielestä
kaivertaa.
Tehdyn tekemättömäksi
huomaamatta muuttaa.
Sanotun sanomattomaksi
pyyhekumilla poistaa.
Lopulta vain hiljaa
huokaista.
Onneksi huominen
ei eilistä toista.

43. Näytelmä

Kulissien taakse
kurkistuksia.
Käsikirjoituksen sivuja
repaleisia.
Siellä näyttelijä
odottelee.
Elämänsä rooliin
astelee.
Kuiskauksia joukosta
ihmisten.
Onko tämä
näytelmä iloinen.
Ihmiset innoissaan
hymyilee.
Kyyneleet posket
silti kastelee.
Näyttelijä lavalle
nousee.
Kumartaa ja hyvästelee.
Kerrottavaa vain vähän.
Kaikki päättyy tähän.

Jos onni onkin muille.
Omaisuutta kaikkien
toisten.
Itselle kangastuksia
erämaan.
Paremman huomisen
kuvitelmaa.
Minulle ehkä vain
sana.
Kylmiä ja turhia
kirjaimia.
Outoa näytelmää.
Vailla yleisöä.
Vailla näyttelijää.
Koska sellaista
se on.
Olla onneton.

44. Saanko

Saanko tatuointina
jäädä ihollesi.
Polttomerkkinä
pintaan sydämesi.
Voinko olla
kirjaimet sivuillasi.
Kansina
suojata elämääsi.
Haluatko
minut matkallesi.
Elämäsi
retkelle turvaksesi.

Yön unelmien jälkeen.
Aamulla kun heräät.
Hymyilen siinä.
Kysyn vain yhtä.
Voinko jatkaa.
Saanko muuttaa.
Unelmat todeksi taikoa.
Aloitan helpoimmalla.
Pehmeällä suudelmalla.

45. Kuulostaa

Etusivujen takana.
Kadonneiden ilmoituksissa.
Sivuilla kuluneilla.
Etsimäni on.
Ilmoitustaulun nurkassa.
Muiden alla.
Tussilla töhritty.
Etsimäni on.
Soiton päässä.
Numerossa väärässä.
Varatulla linjalla.
Tyhjiltä piippauksilta
kuulostaa.
Etsimäni on.
Muistilappu roskiksessa.
Tuhriintuneena sanana.
Elämäni.
Etsimäni on.

Miten se repii ja raastaa.
Vereslihalle sydämen ja
sielun saa.
Kuinka kyyneleitä loputtomasti
vuodattaa.
Mielen hauraan rikkoo uudestaan
ja uudestaan.
Miten yksinäisyyden linnaksi
rakentaa.
Muurit sydämen ympärille
nostaa.
Kuinka joka hetki, kuin isku tikarin,
satuttaa.
Lopulta ihmisen yksinäisen murtaa.
Miten sen voisi oikein kertoa.
Sanat oikeat toiselle ojentaa.
Kuinka sana yksinkertainen,
niin vaikealta kuulostaa.
Miten ikävä näin musertaa.

46. Pisaroita

Pisaroita verenpunaisia.
Hiljaisia puroja.
Suoraan sydämestä.
Lailla ruusujen piikkien.
Rakkaus teki jälkensä
sydämeen.
Piirtävät vielä harhojaan.
Harsoisia kuvia rakkauden.
Vaikka pisarat loppuvat.
Suru jää.
Piikkinä sydämeen.
Ihmisen yksinäisen.

Pisaroita taivaalta.
Sinisen kirkkaalta.
Kosteutta poskilla.
Juuri kuivatuilla.
Hymy kasvoilla.
Surun verhona.
Kauniita sanoja.
Pelon suojana.
Kaikkien kanssa.
Yksinäinen joukossa.
Ihmisiä piilossa.
Etsien jotain.
Itseään ainakin.

47. Uskottelen

Eikö peiliin voi katsoa.
Ilman syyllisyyttä vilkuilla.
Saanko uudelleen yrittää.
Valehtelen kernaasti.
Itselleni uskottelen.
Oikeasti arvokas.
Ihminen joukossa toisten.
Käännän katseeni.
Peilistä näen kyyneleet.
Unohdan taas kaiken.

Maksan rakkauden velkaa.
Maksetuksi tuskin koskaan saan.
Vaikka niin uskottelen.
Laina-aikaa pyydän aina lisää.
Maksukykyä tuskin riittää.
Velallisena olen ikuisesti.
Etsin kanssa maksajaa kuumeisesti.
Tulisitko kanssani velalliseksi.
Toistemme rakkauden takaajiksi.

48. Haluan

Voinko sanoa.
Haluan seikkailla.
Saanko purjehtia.
Ihosi sileää pintaa.
Hellästi luovia.
Aaltojesi harjaa.
Voinko seilata.
Mielesi sopukoihin.
Itseni ankkuroida.
Syliisi lämpimään.
Kykenenkö nostamaan.
Myrskyn jota haluat.
Opettaa seilaamaan.
Kunnes yhdessä
löydämme satamaan.

Haluaisin hieman
maailmaa maistaa.
Elämän tuulia
raikkaita haistaa.
Voisin vihreämmillä
ruohoilla astella.
Uusissa aamuissa
varpaani kastella.
Tahtoisin hetkiä
uusia kokea.
Huomenta seikkailulle
hymyillen sanoa.
Kohtaisin vatsa
kihelmöiden haaveet.
Vihdoin unohtaisin
menneisyyden aaveet.

49. Korvaus

Entä jos itse revin irti.
Rikkoutuneen sydämen.
Panttilainaamoon kuljetan.
Toivon saavani edes
pienen korvauksen.
Tarpeettomana unohdan sen.
Kunnes tulee huominen.
Takana oven huutelen.
Ostan takaisin sen.
Vaikka kanssa korkojen.
Toiveissa vain löytää se.
Korjaaja rikkinäisten
sydämien.

Sydämensä jos kadottaa.
Voiko korvauksia odottaa.
Onko varaa maksaa.
Vakuutusta jolla korvataan.
Löytyykö korjaajaa.
Rikkinäisen sydämen paikkaajaa.
Uuden rakkauden asentajaa.
Sydämen ehjän huoltajaa.
Jonka luo palata aina
uudestaan.

50. Hiljaisuus

Hiljaisuuden taakka meitä kurittaa.
Ottaa otteeseen ja kuristaa.
Sanat viimeisetkin pois ottaa.
Kaiken sanottavan kadottaa.
Kumartaa ja pois katoaa.
Hiljaisuuteen on helppo hukuttaa.
Sanattomuuden jos täydellisesti osaa.
Kuin huomaamatta toisilleen huutaa.
Vaikka kukaan ei huudakaan.
Salaisuus hiljaisuudessa asustaa.

Kirjoitin sanoja hiljaisuuteen.
Elämään kuihtuneeseen.
Yritin rikkoa muureja.
Hakea hetken lohdutusta.
Palasia onnellisuudesta.
Kirjoitin vimmatusti.
Hapuilin tavuja.
Osaamatta kuitenkaan.
Sanoja vääriä ja oikeita.
Viisikymmentä molempia.
Liikaa vai liian vähän.
Hiljaisuudessa mietin.
Totuutta etsin.
Rakkauden palasia.
Hiljaisuuden poistajia.